Das
„Heilige Korntal"
und die
weite Welt

Rolf Scheffbuch

Das „Heilige Korntal" und die weite Welt

Edition
Gemeindeblatt

Bibliografische Information der Deutschen Bibliothek:
Die Deutsche Bibliothek verzeichnet diese Publikation in der Deutschen
Nationalbibliografie; detaillierte bibliografische Daten sind im Internet
über http://dnb.ddb.de abrufbar

Fotos: Thomas Kraut, Bernhard Weichel und Manuel Liesenfeld
Typografie, Satz und Umschlaggestaltung: Atelier Reichert. Stuttgart
Druck: Mercedes Druck, Berlin

ISBN 3-920207-15-17

Inhalt

Das „Türmle" auf dem Großen Saal der
Evangelischen Brüdergemeinde Korntal

Hier enthüllt sich eine ganze Welt

Es ist gewiss keine alltägliche Sache, wenn man literarisch zu einem Gang über die Friedhöfe eingeladen wird.
Rolf Scheffbuch tut es mit den folgenden Seiten, die uns
durch den Ortskern von Korntal zum „Begräbnisgarten"
und zum Neuen Friedhof führen.
Hier enthüllt sich eine ganze Welt. Man begegnet
ganz berühmten, aber auch unbekannten Namen. Vor
unsere Augen treten Krapf, Rebmann, Hebich, Hoffmann,
Flad, Friederich und Fürstin Lieven, die unsere Missions-
und Kirchengeschichte geprägt haben, aber auch früh
verstorbene Kinder aus Korntaler und Missionarsfamili-
en.
Nahezu 200 Jahre einer bewegten Geschichte lassen
sich hier ablesen, fast eine Kulturgeschichte des Pietismus im Kleinen. Selbst das große Kompendium der Kirchengeschichte von Karl Heussi kommt nicht daran vorbei, der Bedeutung Korntals zu gedenken. Hier gewinnt
diese Bedeutung ihr Gesicht.
Es wäre aber nicht richtig, wenn man diesen Gang
über den Friedhof nur als Gang in die Vergangenheit ver-
stehen würde. Vielmehr ziehen uns die Lebensläufe ins
Gespräch.
Warum haben Menschen so gehandelt? Warum solche Entscheidungen getroffen? Und unversehens werden
daraus Impulse für das eigene Leben. Man beginnt zu

ahnen, was die Zusage bedeutet: „Aber deine Toten werden leben" (Jes. 26,19). Die Sehnsucht erwacht, zu denen zu gehören, von denen die Offenbarung sagt: „Selig sind die Toten, die in dem Herrn sterben von nun an" (14,13).

Dass der Gang über die Friedhöfe mit diesem ausgezeichneten „Reiseführer" für alle Benutzerinnen und Benutzer auf diese Weise auch zu einem Gang in die Zukunft wird, wünscht Ihnen

Ihr

Dr. Gerhard Maier, Landesbischof i.R.

Du bist willkommen!

„Du bist willkommen, Gott!" Auf diesen Ton war 1819 jene Predigt gestimmt, die zur Weihe des „Großen Saals" gehalten wurde. So nämlich heißt der Kirchenraum der Evangelischen Brüdergemeinde Korntal. Bis heute hält ein Bibelwort diese Erwartung wach. Es ist zu lesen an der Stirnseite des Gottesdienstraumes. Es lautet: „Heiligkeit ist die Zierde deines Hauses ewiglich."

Die Gegenwart Gottes sollte das Wichtigste im gemeindlichen Versammlungsraum sein. Sie war und ist bis heute wichtiger als die Zierde eines schmuckvollen Gestühles, einer mit Schnitzwerk verzierten Kanzel. Sie ist wichtiger als prächtige Leuchter oder Buntglasfenster.

Der Volksmund nannte das junge Gemeinwesen despektierlich „Heiligs Korntal". Damit wurde das Entscheidende jedoch missverstanden. Denn die Korntaler wollten zu keiner Zeit „heiliger" als andere Christenmenschen sein. Vielmehr rechneten sie mit der Gegenwart des Retters Jesus Christus, der auch ihnen Heil schafft. Ihn wollten sie in der Mitte der 1819 gegründeten Gemeinde willkommen heißen. Der Heiland Jesus sollte unter ihnen wohnen dürfen.

Diese Erwartung hat Menschen geprägt. Dieser dringlich ersehnte Erlöser Jesus hat aus einer ärmlichen Kolonistensiedlung ein bis heute aktives christliches Impulszentrum gemacht. Korntal steht bis heute für eine

Vielzahl von gemeindlichen Initiativen, von diakonischen Modellen, von pädagogischen Anregungen sowie von missionarischen Aktionen und Werken. Korntal sollte ein Weckruf inmitten der württembergischen Landeskirche sein. Es sollte Christen daran erinnern, was nach biblischem Verständnis „Gemeinde" sein soll.

Darum war es einst dem kaiserlichen Notar und Leonberger „Amtsburgermeister" – damals eine Art Landrat – Gottlieb Wilhelm Hoffmann gegangen, als er bei König Wilhelm I. das Privileg zur Gründung einer besonderen religiösen und auch bürgerlichen Gemeinde erwirkte.

Der sonntägliche Gottesdienst im Großen Saal ist der Mittelpunkt des Gemeindelebens der Evangelischen Brüdergemeinde

Ein Rundgang durch
Korntals Ortskern

Über dem Eingang des Landschlosses, heute ein Drei-Sterne-Hotel, erinnert der Wappenstein an die Freiherrn von Münchingen. Ihnen gehörte zusammen mit dem Grafen von Görlitz das Schloss, das zur Keimzelle der neuen Siedlung wurde. Das erste neu fertig gestellte Gebäude war der Große Saal, 1819 in Angriff genommen und noch im gleichen Jahr in Anwesenheit von 8 000 Besuchern in Dienst gestellt.

Im Süden des Saalplatzes befindet sich zusammen mit dem sehenswerten kleinen Gemeindemuseum, der so genannten „Gemeindegalerie", der „Israel-Laden", Zeichen der bleibenden Verbundenheit der Brüdergemeinde mit dem Volk Israel. Das Haus Saalplatz Nr. 1 beherbergt auch die Verwaltung der Brüdergemeinde und ihrer breit gefächerten diakonischen und pädagogischen Werke. Einst war dies Haus als Pfarrhaus gebaut, später war es der 1919 neu entstandenen bürgerlichen Gemeinde als Rathaus überlassen worden. Zu Zeiten des Grafen von Görlitz stand hier das Gewächshaus des Rittergutes Korntal.

Gegenüber von Saal und Landschlosshotel befand sich 120 Jahre lang die „Gemeindehandlung". Sie versorgte die Korntaler mit allem, was im Haushalt gebraucht wurde, von Lebensmitteln und Haushaltswaren bis hin zu Kleinmöbeln und Kohlen. Hier soll in den nächsten Jahren ein Gemeindehaus der Brüdergemeinde entstehen.

Das moderne Rathaus der bürgerlichen Doppelgemeinde Korntal-Münchingen hat das traditionsreiche und mächtige Gebäude des Töchterinstitutes ersetzt, in dem auch das Mädchenprogymnasium und das Schülerinnenheim untergebracht waren.

Der Park des Altenzentrums Korntal, früher der Institutsgarten

Vom idyllischen Park des Töchterinstitutsgartens schwärmen noch heute alte Korntaler. Heute ist auf diesem Terrain das moderne Alten- und Pflegeheim der Brüdergemeinde zu finden samt einem Trakt für „Betreutes Wohnen". An der Ostseite des Altenzentrums findet sich die „Wilhelmsdorfer Straße". Ihr Name erinnert an die Korntaler Tochtergemeinde in Oberschwaben, die 1826 gegründet wurde. An der Ecke von Wilhelmsdorfer und Hoffmannstraße steht das neu erbaute Familienzentrum, dessen Kreativ- und Beratungsangebote viel frequentiert sind.

Der Blick nach Osten, hinein in die Hoffmannstraße, lässt hinter einem großen Kastanienbaum das CVJM-Haus erahnen, eines der ersten „Jünglingsvereins-eigenen" Jugendzentren in Württemberg. Es wurde 1903 eingeweiht.

Am Eingang der Ludwigsburger Straße waren noch bis vor wenigen Jahren zu finden: das einst vom Korntalgründer Hoffmann erstellte „Missionarshaus" für Missionarsfamilien im Heimaturlaub und ein „Witwenhaus" für heimatlos gewordene Verwitwete.

Im Norden des Alten Friedhofes sind die ehemaligen Mädcheninternatsgebäude des Blumhardt-Hauses zu sehen. Mit seinem Namen erinnert es daran, dass der Seelsorger Johann Christoph Blumhardt (1805 – 1880) seit Jugendtagen eng mit Korntal verbunden war. Im Blumhardt-Haus hat die „Akademie für Weltmission", eine evangelikale Einrichtung zur Weiterbildung und Höhergraduierung von Missionaren, ihre Heimat gefunden. Schon in früheren Zeiten hatte es Pioniergestalten der evangelischen Weltmission nach Korntal gezogen. Ihre letzte irdische Heimat oder mindestens ihre letzte

Ruhestätte sollte in Korntal sein. Auch an einige von ihnen soll der Rundgang erinnern.

Sehenswert sind in Korntal auch die nur wenige hundert Meter vom Saalplatz entfernt liegenden Jugendhilfeeinrichtungen der Diakonie der Evang. Brüdergemeinde Korntal gGmbH. Das „Hoffmannhaus", 1823 gegründet, mit der „Johannes-Kullen-Schule" für Erziehungshilfe sowie das „Flattichhaus". In beiden Heimen gibt es eine stationäre, teilstationäre und ambulante Betreuung von Kindern und Jugendlichen vom Grundschulalter bis zum Hauptschul- und Realschulabschluss. Interessant ist ebenso das ehemalige, von Baurat Leins konzipierte „Große Schülerheim" in der Mirander-Straße.

Eine von zwei Jugendhilfeeinrichtungen in Korntal:
Das Hoffmannhaus

Besser als an Gebäuden lässt sich das Besondere Korntals jedoch erahnen, wenn die Erinnerung an Menschen lebendig wird. Am besten kann dies bei Rundgängen über die beiden Friedhöfe der Brüdergemeinde geschehen.

Der „Begräbnisgarten" des Alten Friedhofs findet sich im Norden des Altenheimes; der so genannte „Neue Friedhof" liegt im Osten des Korntaler Ortskerns zwischen Hoffmann- und Ludwigsburger Straße.

Der „Begräbnisgarten" des Alten Friedhofs

Johanna Sophie Katharina Hoffmann, die elfjährige Tochter des Korntal-Gründers, wurde 1819 zum „Erstling dieses Begräbnisgartens". So lautet die Inschrift auf dem
Grabstein (am Ostrand des Friedhofs).
Bis zur letzten Bestattung im Dezember 1927 fanden
dort etwa 1 200 Verstorbene ihre letzte irdische Ruhestätte. Sie wurden bestattet in der Gewissheit: „Es wird gesät
in Armseligkeit, auferstehen aber wird es in Kraft". Nur
wenige der Gräber wurden doppelt belegt, und das nur
bei engsten Angehörigen. In Erwartung der Auferstehung
sollte die Ruhe der Toten nicht gestört werden. Umso
bedauerlicher war es, dass während des Zweiten Weltkrieges ein Luftschutzstollen in das Gräberfeld getrieben
wurde. Die Grabsteine wurden abgeräumt. Mit ihnen
wurde der neu angelegte Löschteich in den Teichwiesen
ausgelegt. Besonders im Osten des Friedhofs sind große
Lücken entstanden. Gräber wurden geöffnet, Gebeine
und Schädel auf den Schutt geworfen. Mutig protestierte
der württembergische Denkmalsschützer Professor Hans
Schwenkel gegen diese Friedhofsschändung, die durch
die damaligen Machthaber veranlasst wurde. Darauf hin
wurden die Arbeiten am Stollen unvollendet liegen gelas-
sen. Nach Kriegsende wurden die nicht zerstörten Grabsteine wieder zurückgebracht und entsprechend dem

Belegungsplan aufgestellt. 2001 wurde eine ausgiebige
Sanierung abgeschlossen. Heute steht der Alte Friedhof
unter Denkmalschutz.

Der Begräbnisgarten: Genauer hinsehen lohnt sich

Walter Roth, Verfasser einer Geschichte der Brüdergemeinde, schrieb: „Ein Grab ist wie das andere: Eine kleine schräg gestellte Grabplatte aus rotem Sandstein neben
den andern. Nichts unterscheidet das Grab des Freiherrn
von Harling von dem der einfachen Dienstmagd, die in
einer der Anstalten der Gemeinde ihre Arbeit verrichtete.
Hier ruhen sie nun, die alten Korntaler. ‚Selig ist der und
heilig, der teilhat an der ersten Auferstehung (Offb. 20, 6)',

und ‚Selig sind die Toten, die in dem Herrn sterben von nun an (Offb. 14, 13)' hatten sie gläubig an die Torpfosten am Eingang des Friedhofs geschrieben."

Nach einer von der Herrnhuter Brüdergemeinde übernommenen Sitte werden die Glieder der Evangelischen Brüdergemeinde in einem weißen Sarg beerdigt. Symbolisch soll dies deutlich machen: An Jesus Glaubende sind nicht nur in Vergänglichkeit eingehüllt. Sondern sie sind umgeben von der Gerechtigkeit Gottes. Das Kreuzeszeichen auf dem weißen Sarg ist ein Bekenntnis: „Auch im Sterben möchte ich Jesus gehören!" Diese doppelte Symbolik wird unterstrichen durch die am Grab gesprochene Korntaler Begräbnisliturgie (s. S. 63).

Rundgang im Alten Friedhof

(beginnend am Eingangstor):

Links vom Eingangsweg, 2. Reihe:

**Jakob Friedrich Weitbrecht,
geb. 29. 9. 1839 zu Burdwan in Ostindien,
gest. 30. 2. 1854 zu Korntal**

Der Sohn des Indien-Missionars sollte aus dem ungesunden Klima der Kalkutta-Region herauskommen. Zusammen mit einer ganzen Reihe von Missionarskindern lebte er im Korntaler Knabeninstitut. Allerdings verstarb er – zusammen mit einer ganzen Reihe anderer Missionarskinder und sonstiger Zöglinge – während der 1854 in Korntal grassierenden Scharlach-Epidemie. So ist dieses Kindergrab eine Erinnerung an mancherlei Opfer, die Missionare mit ihren Familien immer wieder gebracht haben.

Nördlich vom Weitbrecht- Grab:

Karl Köllner, 1790 – 1853

Ursprünglich war Köllner Weinhändler bei und in Würzburg gewesen. Wichtiger jedoch war ihm, zum Glauben an Gott einzuladen. Besonders Juden wollte er den Messias Jesus lieb machen; denn Köllner litt darunter, dass sich damals im Zuge der Emanzipation viele Juden pro forma christlich taufen ließen. Um mehr Anschluss an christliche Geschwister zu bekommen, zog es ihn in die Erweckungsregion von Basel. In Sitzenkirch bei Kandern wurde er Hausvater einer kleinen privaten „Rettungsanstalt", zuerst für verarmte Kinder von Juden, dann für schwer erziehbare Jugendliche. Die aus der ersten Ehe seiner Frau stammenden Kinder halfen ihm dabei ebenso wie die vier eigenen Kinder. Die drei lieblichen Töchter verheirateten sich mit Gliedern des Basler Missionshauses: mit dem späteren Möttlinger und Bad Boller Pfarrer Johann Christoph Blumhardt, mit Missionar Dr. Hermann Häberlin und mit dem späteren Korntaler Gemeindepfarrer Jakob Heinrich Staudt. Pfarrer Staudt holte seinen Schwiegervater nach Korntal, wo er im Haus Saalstr. 6 (dem jetzigen Pfarrhaus) wohnte. Er wirkte dann als Vorstand und Kassier der Rettungsanstalten Korntal und Wilhelmsdorf, sowie als Verwalter des Gemeindegasthauses. Seine links vom Grab Weitbrecht bestattete Stieftochter Mina Keerl (1803 – 1897) übernahm nach dem plötzlichen Tod von Köllner die Bewirtschaftung des Gemeindegasthauses. Der Korntal-Biograph Johannes Hesse, Vater von Hermann Hesse, berichtet über sie: „22 Jahre lang hat sie mit feinem Takt und mit großer Umsicht das Haus verwaltet und auch ungezogene Leute durch ihre milde Festigkeit in Schranken gehalten." An Köllner erinnert ein Gedenkstein an der Ludwigsburger Straße auf dem Weg nach Neuwirtshaus, der an seinem Sterbeort errichtet wurde.

Nördlich vom Köllner- Grab:

↜ Andreas Barner, 1793 – 1854

1825 wurde der aus Owen/Teck stammende Pädagoge als Leiter an die Korntaler „Kinder- und Armenanstalt" gerufen. Dieses „Rettungshaus" hatte der Korntalgründer Gottlieb Wilhelm Hoffmann ins Leben gerufen. Unter der Leitung von Barner und seiner Frau Christine, geb. Kullen (diese Schwester des Institusvorstehers Johannes Kullen ist am Ostrand des Begräbnisgartens beigesetzt) blühte die Anstalt erst recht auf. Sie wurde nach dem Vorbild des Rettungshauses Beuggen zum Modell für viele andere württembergische Rettungshäuser (so z.b. Wilhelmsdorf, Lichtenstern, Tempelhof, Paulinenhilfe Kirchheim und Stuttgart), in denen die „Straßenkinder" der nach-napoleonischen Zeit zu „brauchbaren Bürgern dieser und jener Welt" erzogen werden sollten. Andreas Barner ist der Stammvater einer weit verzweigten Theologen- und Musiker-Dynastie (Barner, Mundle, Lang).

Nächstes Grab nach Norden:

↜ Ein Zeuge Jesu Christi aus der Heidenwelt: Missionar Samuel Hebich, 1803 – 1868

Der Basler Pionier-Missionar wollte kein „europäisches" Christentum nach Indien exportieren. Verglichen mit dem so überaus religiösen Südindien war in Hebichs Augen die württembergische und europäische Heimat „Heidenwelt" geworden. Schlechte Repräsentanten des „christlichen Abendlandes" waren besonders die englischen Kolonialtruppen. Darum mühte Hebich sich seelsorgerlich und auch aggressiv-evangelistisch besonders um englische Soldaten und Offiziere. Der hoch gewachsene Junggeselle mit seinem mächtigen Vollbart erwies sich aber noch mutiger bei indischen Tempelfesten. Wie ein alttestamentlicher Prophet spottete er über die ohnmächtigen „Steingötter", bis die Priester ihre Tempel-Elefanten auf ihn los ließen. Hebich legte zum Aufbau einer eigenständigen indischen Kirche den Grundstein. Als er wegen eines Leberleidens 1859 ins heimatliche Württemberg zurückkehren musste, wurde er zu einem der Pioniere der innerkirchlichen Evangelisation. Dabei musste er in der schweizerischen und württembergischen „Heidenwelt" viel Widerstand, vor allem aus kirchlichen Kreisen, erfahren. Bei seinem Sterben in Stuttgart galt sein letzter Gedanke der Missionsarbeit in der indischen Malabar-Region. Es war sein Wunsch, in Korntal beerdigt zu werden.

Drei Grabstellen weiter nach Norden:
◀ **Friedrich Traub, 1834 – 1868**

Unter dem Einfluss seines Konfirmators, Pfarrer Jakob Heinrich Staudt, hatte sich der Landwirtssohn zum Missionsdienst entschlossen. Nach der Ausbildung in Basel (1852 – 1858) wurde Traub nach Indien ausgesandt. Bewusst wollte er „den Indern ein Inder und den Armen ein Armer" sein. So lebte er unter primitivsten Verhältnissen monatelang mit indischen Taufbewerber-Familien zusammen. Aus dieser seelsorgerlich geprägten Arbeit entstand der verheißungsvolle Kern einer blühenden Gemeinde in Udipi. Auch in der Schularbeit von Mulki bewährte sich Traub. Allerdings war seine Gesundheit angegriffen durch die sich selbst auferlegten Entbehrungen. Auch ein längerer Erholungsurlaub in den „Blauen Bergen" in Südindien brachte keine Linderung. Zusammen mit Frau und Tochter musste er nach Deutschland zurückkehren, wo er im Oktober 1868 verstarb. Im Sinn seines Lebens-Mottos „Nicht müde werden, bis der Lauf gelingt!", ließ sich seine Witwe rufen, die in Udipi begonnene Mädchenheim-Arbeit fortzusetzen.

Rundgang setzt sich fort an der Wege-Kreuzung.

In der ersten Reihe die drei „Isenberg"-Gräber:

⌖ Karl Wilhelm Isenberg, 1806 – 1864

Der aus Barmen stammende, in Basel, Berlin und London zum Missionar ausgebildete Sprachforscher und Bibelübersetzer war ein herausragender Stratege der Weltmission. Elf Jahre lang wirkte er in Abessinien, im heutigen Äthiopien, trotz des Widerstandes der Priesterschaft der erstarrten einheimischen orthodoxen Kirche. Dabei entstanden Untersuchungen zur amharischen Sprache, eine Übersetzung der Bibel in das Amharische und eine ganze Reihe von lebendigen Gemeinden evangeliumsgemäßer Christen. Nach der Ausweisung aus Ostafrika baute Isenberg in Bombay/Indien Heime für afrikanische Jungen und Mädchen auf, die durch die englische Marine von Sklavenschiffen befreit worden waren. Die Tüchtigsten unter ihnen sandte Isenberg wieder in ihre ostafrikanische Heimat zurück. Dort wurden sie als Gehilfen dem in Ostafrika wirkenden Missionar Johannes Rebmann beigegeben. Sie bildeten so den Grundstock einer ostafrikanischen Christenheit. Wie Hebich wollte auch Isenberg in Korntal seine letzte Ruhestätte finden. Ihm zur Seite ist das Grab seiner Ehefrau Henrietta, geb. Goerlich.

～ Charles W. Isenberg, 1840 – 1870

Der Sohn von Karl Wilhelm Isenberg übernahm von seinem Vater die Leitung der „Boys- and Girls-Homes". 1865 verheiratete er sich mit der deutschen Missionarstochter Marie Gundert (die spätere Mutter des Schriftstellers Hermann Hesse). Nur fünf Jahre lang konnte Isenberg in Indien wirken, vor allem in Hyderabad. Lungenkrank musste der Vater von drei Söhnen nach Deutschland zurückkehren, wo er in Stuttgart starb, aber auf seinen Wunsch hin in Korntal beerdigt wurde. Seine Witwe Marie Isenberg, geb. Gundert, betätigte sich in Calw als Englischlehrerin und als Gehilfin ihres Vaters Gundert, bis sie sich 1874 verheiratete mit dem aus Estland stammenden Missionar Johannes Hesse (1847 – 1916); sein Grab findet sich auf dem Korntaler Neuen Friedhof.

Der Rundgang geht weiter nach Westen.
Am Querweg ist das Grab von
**⌐ Pfarrer Jakob Heinrich Staudt, 1808 – 1884,
Luise Staudt, geb. Köllner, 1819 – 1907**

1843 kam das damals jung vermählte Pfarr-Ehepaar
Staudt nach Korntal und wurde in fast vierzigjährigem
gemeinsamem Einsatz ein wichtiger Stützpfeiler in der
bei seinem Amtsantritt vom Schwärmertum bedrohten
Brüdergemeinde. Als bibelfester Prediger schirmte Staudt
Korntal gegen solche Einflüsse ab. Als Seelsorger mühte
er sich besonders um Brüdergemeindemitglieder der
„zweiten Generation", die in ihrem Christ-Sein etwas
erlahmen wollten. Nachdem das landesweit berühmte
„Töchterinstitut Korntal" in eine Krise geraten war, über-
nahmen Staudt und seine Frau 28 Jahre lang auch die Leitung dieser Einrichtung, die in jenen Jahren neu aufblüh-
te. Anderen Missionaren vermittelte der ehemalige Basler
Missionslehrer Staudt „Töchter Korntals" und des Institutes als opferbereite und fähige „Missionsbräute".

Gleich neben den Pfarrleuten Staudt sind bestattet:
**⌐ Johannes Daur, 1816 – 1902,
Vorsteher 1846 – 1888,
Sophie Daur, geb. Mayer, 1834 – 1895**

42 Jahre lang prägte der grundsolide, juristisch ausgebildete Vorsteher Johannes Daur die Arbeitszweige und die

Mitarbeiterschaft der Brüdergemeinde Korntal. Es gelang ihm, die wirtschaftlichen Verhältnisse in Korntal zu ordnen und auch die bedrohlich hoch verschuldete Tochtergemeinde Wilhelmsdorf zu sanieren. Zusammen mit Pfarrer Staudt war ihm aber noch wichtiger, dass Korntal nicht nur eine lebendige Gemeinde sein „möchte", sondern auch „in Wahrheit" eine lebendige Gemeinde ist. Seine Ehefrau, die als Schülerin und später als Lehrerin am Töchterinstitut mit den Pfarr-Eheleuten Staudt besonders verbunden war, unterstützte ihn in diesem Anliegen. Das Ehepaar Daur wurde zu Stammeltern einer weit verzweigten und für die württembergische Kirche einflussreichen Familie. Der älteste Sohn der Vorsteher-Eheleute Daur, der junge Notar Johannes Daur (1857 – 1940), wurde 1888 Nachfolger seines Vaters als weltlicher Vorsteher der Brüdergemeinde und als Schultheiß der bürgerlichen Gemeinde. Er ist auf dem Neuen Friedhof bestattet.

In der Nähe finden sich die Grabstellen von:

ᴖ **Johann Georg Hoß, Institutsvorsteher, 1834 – 1882**

Hoß war ein fähiger Pädagoge, ein gesegneter Lehrer, zunächst an der Gemeindeschule, dann am Pfleidererschen Knabeninstitut und zuletzt Leiter der „Mittelanstalt" (einer von Hoffmann gegründeten Vorläuferin der Hauswirtschafts- und Frauenarbeitsschulen). Der angesehene Korntaler war Mitglied des Gemeinderates und der „Hahn'schen Gemeinschaft".

⤳ Christian Gottlieb Löffler (1799 – 1880)

1828 eröffnete Löffler auf der Schlotwiese (Markung Zuffenhausen) in einem vom König geschenkten Jagdhaus eine Rettungsanstalt für Kleinkinder. Um die Arbeit zu finanzieren, wurde mit etwa 1000 Maulbeerbäumen Seide produziert, nach der damals rege Nachfrage bestand. Nachdem das Heim nach Korntal verlegt worden war, folgte den Eltern in der Leitung des Kinderheims der Sohn Gottlieb Löffler (1829 – 1876); die Grabstelle liegt in der Nähe des elterlichen Grabes.

⤳ Dr. phil. Ludwig Krapf: Missionar in Ostafrika, 1810 – 1881

Der aus Derendingen stammende, hoch begabte württembergische Vikar wurde Missionar der englischen Church-Missionary-Society. Ab 1837 war er, zuerst als Mitarbeiter von Karl Wilhelm Isenberg, in Abessinien tätig. Nachdem auch er von dort vertrieben worden war, ließ er sich nach abenteuerlichen Kreuz- und Querfahrten in Ostafrika nieder. Er rief die Christenheit auf, die Bekehrung Afrikas von der Ostseite aus zu versuchen. Dafür entwarf er den Plan einer Kette von Missionsstatio-

nen. Auf dieser „Apostelstraße", also auf dem Landweg, sollten Missionare von Alexandrien aus bis nach Äthiopien und nach Ostafrika gelangen. Krapf selbst durchzog furchtlos das Innere des unbekannten Kontinentes. Dabei gelangen ihm wichtige geographische Erforschungen (als erster Weißer „entdeckte" er den Mount Kenya), für die ihm internationale Ehrungen zuteil wurden. Für seine Sprachforschungen verlieh ihm die Universität Tübingen den philosophischen Ehrendoktor. Mutig setzte sich Krapf ein gegen die Versklavung von Afrikanern. Während seiner langen Wirksamkeit konnte Krapf zwar keinen einzigen Afrikaner taufen, aber er und sein langjähriger Gefährte Johannes Rebmann gelten zu Recht als „Väter" der überaus lebendigen ostafrikanischen Christenheit. Nach seiner Rückkehr aus Afrika wirkte Krapf als Lehrer an der Pilgermissionsschule St. Chrischona bei Basel. Ab 1855 ließ er sich in Korntal nieder, brach aber immer wieder zu kräfteraubenden Kurzzeiteinsätzen nach Afrika auf. In Korntal widmete sich Krapf Sprachstudien und Bibelübersetzungsarbeiten, sowie der Erschließung von Finanzquellen für die Mission. Über abendlichem Beten verstarb Krapf, am Bett kniend.

Neben dem Grab von Krapf:

❧ Schulmeister Friedrich Maier 1802 – 1880

Der ehemals enge Mitarbeiter von Schulmeister Immanuel Gottlieb Kolb/Dagersheim, einer Säule der „Hahn'schen

Gemeinschaften", ließ sich von Vorsteher Gottlieb Wilhelm Hoffmann nach Korntal rufen. Er verstärkte damit nicht nur den Pfeiler des „Hahn'schen" Pietismus in Korntal, sondern vermittelte damit auch der Gemeindeschule einen hoch qualifizierten Pädagogen. Maier war von 1831 bis 1872 Leiter der Gemeindeschule. Daneben war er lange Jahre Gemeinderat, Kassier und seit 1872 auch Vorstand der Rettungsanstalten Korntal und Wilhelmsdorf. Als begehrter Festredner bei Jahresfesten von Anstalten und Werken war Maier so etwas wie ein „Außenminister" Korntals. In einem Gedicht hieß es humorvoll: „Von Dan an bis gen Bersaba kennt man den lieben Maier, ja!"

Am westlichen Längsweg:

Johannes Rebmann, Missionar in Ostafrika, 1820 – 1876: „Saved in the arms of Jesus"

Von der Basler Mission ausgeliehen an die englische Church Missionary Society wurde der Gerlinger Weingärtnersohn 1846 zur Unterstützung von Ludwig Krapf nach Ostafrika ausgesandt. Mit Krapf beteiligte er sich an der geographischen Erforschung Ostafrikas. Im Mai 1846 sah er als erster Weißer den mit ewigem Schnee bedeckten Kilimandscharo. Rebmann ergänzte den etwas sprunghaften Krapf. Mit dessen Launen und auch mit dessen Selbstzweifeln hatte Rebmann es nicht immer leicht. Neben wichtigen Sprachstudien förderte Rebmann die eindringlich-seelsorgerliche Verkündigung des Evangeliums. Auch nach Krapfs Weggang und nach dem Tod von Frau und Kind hielt Rebmann bei der entstandenen kleinen Christengemeinde aus. Erblindet fand er eine Heimat in Korntal, wo er einige Zeit auch seinen afrikanischen Mitarbeiter Isaak Nyondo beherbergte. Nachdem er in der Missionarswitwe Finckh noch einmal eine Lebensgefährtin gefunden hatte, starb er nach kurzer Krankheit. Eigentlich hatte er noch einmal nach seinem geliebten Ostafrika reisen wollen. Seine letzten Worte waren: „Es ist doch noch so viel zu tun!" Die Inschrift auf dem Grabstein „Saved in the arms of Jesus" erinnert an das englische geistliche Lied „Sicher in Jesu Armen!"

Gegenüber, über dem Längsweg drüben:

~ **Justina Katharina Traub, geb. Laitenberger, geb. den 21. März 1801, entschl. den 5. Aug. 1869**

Vom Lehrhof bei Marbach, wo ihr Mann gerade gestorben war, zog die Witwe 1845 mit sechs unversorgten Kindern nach Korntal. Ihre Kinder sollten in dem regen geistlichen Leben der Brüdergemeinde aufwachsen. Sie wurde zur Stamm-Mutter der Korntaler Familien Traub, Metzger und Nonnenmacher. Sie starb kurz nach dem Tod ihres jungen Missionarssohnes Friedrich Traub.

Auf der nördlichen Höhe, gleich rechts vom westlichen
Längsweg:

~€ **Professor Dr. Gottlob Pfleiderer, 1825 – 1897,
Maria Pfleiderer, geb. Kern, 1821 – 1907**

Der geniale Erzieher Dr.
Pfleiderer übernahm 1848 die
Reste des einst berühmten Korntaler Knabeninstitutes.
Zusammen mit seiner Frau führte er Internat und Höhere
Lehranstalt auf eigene Rechnung und in eigener Verant-
wortung. In vier Jahrzehnten bauten sie das Institut zu
einem europaweit bekannten Vorzeige-Internat aus.

Modernste pädagogische Erkenntnisse wurden samt
Sportunterricht nach englischem Vorbild von vorzügli-
chen Lehrern vermittelt. Ein altes landwirtschaftliches
Gebäude des Rittergutes wurde durch Architekt Leins
zum „Großen Schülerheim" umgebaut. Schüler wurden
aus England, aus Ungarn, aus der französisch sprechen-
den Schweiz, ja aus den USA angeworben. Dr. Pfleiderer,
ein Pionier der weltweiten Evangelischen Allianz, wurde
in aller Welt als der „evangelical representative"
Deutschlands angesehen. Ihm war es wichtig, seinen
Schülern geistliche Impulse zu vermitteln und durch
Herausgabe eines Erwachsenenkatechismus geistliche
Erkenntnis im ganzen Land zu fördern. Vor allem sehnte
er sich danach, dass „ein geistlicher Ruck" durch Korntal
gehen möge. 1880 trat Dr. Pfleiderer sein Institut wieder
an die Brüdergemeinde ab. Er selbst wurde Vizepräsi-
dent der Lerber-Schule in Bern und danach als Mitarbeiter von Professor Dr. Christlieb erster Direktor der

damals in Bonn im Aufbau befindlichen Evangelistenschule „Johanneum" (später in Wuppertal-Barmen). Seinen Lebensabend verbrachte Dr. Pfleiderer in dem von
ihm errichteten Landsitz am Tachensee zwischen Korntal
und Weilimdorf.

In der Nähe findet sich auch das Grab von
~ **Im. Christian Kolb (1810 – 1894),**

dem langjährigen Hausvater am Missionshaus Basel, wo
er in 36-jährigem Dienst über 700 Zöglingen Lehrer und
Erzieher gewesen war.

Zur Fortsetzung des Rundgangs wird eingeladen in den
Ostrand des „Begräbnisgartens". Der mittlere Querweg
stößt im Osten auf das Grab:
~ **Johanna Sophie Katharina Hoffmann,
1808 – 1819, Erstling dieses Begräbnisgartens**

Die erste auf diesem neu angelegten Friedhof der eben
erst gegründeten Gemeinde Korntal Bestattete war die
jung verstorbene Tochter des Korntalgründers Gottlieb
Wilhelm Hoffmann. Sie war schon jung während schwe-
rer Leidensjahre eine überzeugte Christin geworden. Der
Vater hatte deshalb keine Bedenken, als Nicht-Pfarrer, so
genannter „Hauspriester", ihr vor dem Sterben das sehn-
lich gewünschte Abendmahl zu reichen. So berichtete ihr

Bruder, der spätere Berliner Generalsuperintendent Oberhofprediger Dr. Wilhelm Hoffmann.

Ihrem Grab gegenüber, nach Osten ausgerichtet, findet sich der Grabstein ihres Vaters:

➤ **Gottlieb Wilhelm Hoffmann, 1771 – 1846: Gründer und erster Vorsteher der Evangelischen Brüdergemeinde Korntal**

Der kaiserliche Notar und Verantwortliche für die Gemeinden des großen Amtes Leonberg sehnte sich – wie einst Luther – nach Gemeinden, deren Glieder ernsthaft Christen sein wollten. Die Auswanderungswelle bester schwäbischer Familien nach Südrussland benützte Hoffmann als „Hebel". In insgesamt 17 Eingaben bestürmte er den König, eine besondere religiös-politische, also bürgerliche, Gemeinde gründen zu dürfen. So sollten besonders die religiös motivierten Auswanderungswilligen im Land gehalten werden. Hoffmann erwarb schließlich das Rittergut Korntal, das heutige Landschloss. Es wurde zur „Wartestation" für das Kommen des Christus Jesus umgestaltet, mit dem man in Bälde rechnete. Als Vorsteher des neuen Gemeinwesens war zunächst Michael Hahn vorgesehen, der Gründer der nach ihm benannten „Hahn'schen Gemeinschaften". Schließlich hatte er den Verfassungsentwurf der Brüdergemeinde erarbeitet. Hahn starb jedoch, bevor er das Amt übernehmen konnte. Auch zwei weitere Kandidaten

für das Vorsteher-Amt starben (einer von ihnen hat ganz in der Nähe seine letzte Ruhe gefunden: Israel Kaufmann, Vorsteher Amts Verweser, 1770 – 1820). Da gab Hoffmann seine bisherigen Ämter ab und übernahm selbst von 1820 bis zu seinem Tod die Leitung Korntals. Sein Leitwort war: „Wir warten, beten und bereiten uns, wie wenn morgen der Herr käme. Aber wir bauen, pflanzen und wirken auf Erden, wie wenn es noch tausend Jahre so weiterginge". Hoffmann sah die Brüdergemeinde als Sauerteig für die ganze württembergische Kirchenlandschaft an. Darum ging er geradezu ungestüm voran und gründete unentwegt pädagogische, diakonische und missionarische Einrichtungen. Das entscheidende Modell jedoch war die Brüdergemeinde selbst. Dieses Modell einer freien Gemeinde innerhalb der Landeskirche könnte vermutlich auch in Zukunft recht aktuell werden. Von Hoffmanns Söhnen wurden der Basler Missionsdirektor und spätere Berliner Oberhofprediger, Generalsuperintendent Dr. Ludwig Wilhelm Hoffmann, und Christoph Hoffmann, einer der Anführer der nach Palästina ausgewanderten „Templer", bekannt.

Über dem Querweg drüben liegt das Grab von
➤ **Johannes Kullen, Institutsvorsteher,**
1787 – 1842

Johannes Kullen stammte aus dem Lehrer- und Pietistengeschlecht von Hülben. 1819 brachte er seine kleine pri-

vate Metzinger Lateinschule in die eben gegründete Brüdergemeinde ein. Er wollte damit ein Modell für eine zeitgemäße, im Glauben gegründete Pädagogik schaffen. Kullen trat für ein fröhliches Christ-Sein ein. Die Schule wuchs rasch, obwohl es im Internat viele Versorgungsengpässe und auch Krankheitsnöte gab. Wenn man ihn durch das Haus singen hörte, wusste man: „Jetzt will sich Kullen wieder einmal große Sorgen von der Seele singen!" Nach den Ruhr- und Typhus-Epidemien von 1834 wurde die zusammengeschmolzene Schülerschar auf die Solitude verlegt und dort vorerst von Hauptlehrer Karl Christian Elsässer weitergeführt. 1835 übernahm Kullen das von Hoffmann ins Leben gerufene Töchterinstitut und baute es zu einer Modellanstalt höherer Mädchenbildung aus. Er starb überraschend 1842, als er gerade zum Pfarrer der Tochtergemeinde Wilhelmsdorf ernannt worden war.

Links von dem Grab von Hoffmann:

~ **Adam Straub, 1776 – 1856**

Schuhmacher Straub war einer der ersten Kolonisten Korntals. Der eifrige Beter leitete die Zusammenkünfte der Hahn'schen Gemeinschaft. Vom Vertrauen der Mitbürger getragen, wurde er bald zum Gemeinderat und zum Steuereinnehmer gewählt. Er war streng gegen sich selbst, aber voller Mitleid für die Not anderer. Er rechnete so fest mit der plötzlichen Wiederkunft von Jesus, dass er selbst zur Feldarbeit seinen Sonntagsrock mitnahm und ihn am Ostrand des Feldes ablegte, um so bereit zu sein für seinen Herrn. In jungen Jahren war er lange Zeit zum Soldatendienst gezwungen gewesen. Trotz mancher schlimmer Erfahrungen in Kriegen und Gefangenschaft bekannte er immer wieder: „Wer es mit Gott ernst meint, den bringt er auch durch, selbst durch schwerste Nöte!"

Weiter nach Süd-Westen:

⤴ **Philipp Wilhelm Paulus, Apotheker,
1806 – 1870**

Der Sohn der bekannten Beate Paulus betrieb den Gemeindeladen, den sein Schwiegervater, der Korntalgründer Hoffmann, gegründet hatte. Diesen baute er – zusammen mit einer Apotheke – zur „Spezereihandlung" aus. Vor allem vertrieb er zentnerweise ein Pfeilwurzstärkemehl, dessen Hauptbestandteil aus Sierra Leone bezogen wurde. Er verkaufte Apotheke, Spezereiladen und auch einen von ihm gegründeten Verlag und zog zusammen mit seinen Brüdern und mit seinem Schwager Christoph Hoffmann (späterer Mitbegründer der Deutschen Tempelgesellschaft in Palästina) auf das Gut „Salon" bei Ludwigsburg. Dort wurde als Familienunternehmen ein Knabeninstitut aufgebaut; denn das Korntaler Institut war in eine Krise geraten. Eine Neubelebung des Korntaler Knabeninstitutes hatte Gottlieb Wilhelm Hoffmann nicht dem radikal-pietistischen Familien-

Clan Paulus anvertrauen wollen. Eine Zeit lang war Wilhelm Paulus ganz den „Kirschenhardthöfern" (also den radikalen „Templern") verfallen. Nachdem er sich jedoch von den Templer-Führern getrennt hatte, schenkte Wilhelm Paulus der Brüdergemeinde den Weinberg, der zur Erweiterung des Begräbnisgartens gebraucht wurde. 1859 wurde Wilhelm Paulus Alleinbesitzer des „Salons" und amtierte als Direktor der Erziehungsanstalt.

➤ Freiherr Friedrich Ernst Ludwig von Harling, Major und Rittergutsbesitzer von Münchingen, 1767 – 1824

Im ersten „Familiengrab" des Begräbnisgartens ist Baron von Harling zusammen mit seiner Tochter und deren Ehemann, Hauptmann Bernhard von Schmid, bestattet. Baron von Harling war zusammen mit Graf von Görlitz Eigentümer des Korntaler Allodialgutes gewesen. Er befürwortete den Verkauf des Gutes an Gottlieb Wilhelm Hoffmann. Zum Ärger vieler Münchinger wollte Baron von Harling im Korntaler Begräbnisgarten beigesetzt sein. Deshalb sagte der Brüdergemeindepfarrer Friederich klärend bei der Beerdigung: „Die Erde ist des Herrn. Darum soll niemand glauben, die Erde zu Münchingen wäre weniger heilig als die Korntaler Erde!"

**Pfarrer Johann Jakob Friederich, 1759 – 1827,
erster Pfarrer der Gemeinde von 1819 bis 1827,
„ein bekenntnisfreudiger Zeuge und
priesterlicher Beter"**

Pfarrer Friederich von Winzerhausen war wegen seines Widerstandes gegen die vom König eingeführten liberalen Neuerungen des Amtes enthoben worden. Gottlieb Wilhelm Hoffmann hatte noch als Leonberger Amtsburgermeister dafür gesorgt, dass Friederich zusammen mit seiner Familie Unterkommen und Versorgung bekam. Er holte dann auch den geschätzten Prediger Friederich in die neu gegründete Gemeinde Korntal. Bei der Saalweihe (1819) predigte Friederich über das Bibelwort: „Sie sollen mir ein Heiligtum machen, dass ich unter ihnen wohne". Der Volksmund machte daraus die spöttische Bezeichnung „Heiligs Korntal".

Am östlichen Längsweg:

**Christine Barner, geb. Kullen, 1795 – 1837
und deren Tochter Sophie Mundle, geb. Barner,
1828 – 1893**

Christine stammte wie ihr Bruder, Institutsvorsteher Johannes Kullen, aus dem traditionsreichen Hülbener Kullen-Schulhaus. Nachdem sie erste Hausmutter des Knabeninstitutes gewesen war, hatte sie der Rettungshaus-Vater Andreas Barner geheiratet. Den nahezu ein-

hundert elternlosen Straßenkindern der großen Rettungsanstalt wurde sie ebenso eine rechte Mutter, wie den eigenen sieben Kindern und auch den Kindern ihres zweimal
verwitweten Bruders Johannes Kullen. Anspruchslos für
sich selbst, verzehrte sie sich aufopferungsvoll. Auch als
rechter „Gemeinde-Mutter" ging es ihr um den guten
Geist in der Brüdergemeinde. Mitbestattet im Grab der
Mutter ist die Tochter Sophie. Sie war verheiratet mit dem
Korntaler Rettungshaus-Vater Christian Mundle (verstorben 1906 und bestattet im Neuen Friedhof).

In der südöstlichen Ecke:

⤳ **Karl Christian Elsässer, Lehrer, 1799 – 1844,
„vom Tod zum Leben durchgedrungen"
(Joh. 5, 24)**

Elsässer war neben dem Institutsvorsteher Kullen ein lie-
bevoller Hauptlehrer am Knabeninstitut gewesen. Nach
der Krise des Institutes führte er die „Realabteilung"
(ohne den Lateinzug) weiter. Der geschätzte Lehrer
musste jedoch schon jung seinen Beruf aufgeben. Sein
Sohn Christian Elsässer leitete von 1868 bis 1912 die
Gemeindehandlung. Zugleich war er Vorstand der Kinderheime.

Vorsteher Johannes Daur, der Jüngere, beendete 1925
seine Informationen über den Korntaler Begräbnisgarten
mit den Sätzen:

„Wie bald schwinden die Namen, die auf den Steinen angeschrieben sind, aus dem Gedächtnis der Nachwelt! Auch unsere Namen fallen einst der Vergangenheit anheim. Wohl uns, wenn sie im Himmel angeschrieben sind!"

Der frühere Korntaler Mitbürger und Verleger Ernst Schreiner schrieb in einem Gedicht über den Alten Friedhof:

„Hier unter schlichten Steinen,
von zartem Moos bedeckt,
verwahrt der Herr die Seinen,
die er dereinst erweckt.

Ob Freunde betend kamen,
ob selten ihr Besuch,
es stehen ihre Namen
im großen Lebensbuch."

Rundgang auf dem Neuen Friedhof

Blick auf den Neuen Friedhof im Blumenschmuck

1892 hatte Johannes Daur (der Jüngere) als Vorsteher der Evangelischen Brüdergemeinde den „Neuen Friedhof" anlegen lassen. Die Bestimmungen der Reichsverfassung von 1919 hoben jedoch die Identität von Brüdergemeinde und politischer Gemeinde auf. Das wirkte sich auch darin aus, dass es bis heute, neben dem zur Brüdergemeinde gehörigen Westteil, auch den zur bürgerlichen Gemeinde gehörenden Ostteil gibt. Er wurde großzügig erweitert. Auf ihm befindet sich die Aussegnungs- und Leichenhalle sowie die würdige Gedenkstätte für die Gefallenen, für die Vermissten und für die anderen Opfer der Hitler-Herrschaft und des Zweiten Weltkriegs.

Auf dem bürgerlichen Teil des Neuen Friedhofes finden sich in der Abteilung C die Grabstätten des ehemaligen Vertriebenen-Ministers Eduard Fiedler (1890 – 1960) und des ehemaligen Korntaler Bürgermeisters und Ehrenbürgers Werner Thrum (1912 – 1977). Dort sind aber auch die Gräber des Pfarrers Julius von Jan (1897 – 1964; Abteilung A), der einst wegen seines Eintretens gegen die Judenpogrome verfolgt wurde, des ehemaligen Korntaler Christuskirchenpfarrers und nachmaligen Prälaten Hermann Rieß (1914 – 1990; Abteilung J), des Russlanddeutschen-Pfarrers Eugen Bachmann (1904 – 1993) und des langjährigen Wilhelmsdorfer Pfarrers Hermann Palm. Diese und nicht wenige andere der im Ostteil Bestatteten wären einer besonderen Beschreibung würdig.

Die hiermit angeführten Hinweise beschränken sich auf einige Bestattete, deren Gräber im brüdergemeindeeigenen Friedhofs-Westteil zu finden sind. Die Erinnerung an sie sollte einer breiteren Öffentlichkeit erhalten bleiben.

Die Grabstätten von Frauen und Männern, die Korntal und seine Evangelische Brüdergemeinde entscheidend geprägt haben, finden sich vor allem im Umkreis der Gedenkstätte für die Gefallenen des Ersten Weltkrieges 1914 – 1918.

Aber auch schon auf den Wegen vom Südportal und vom Nordportal aus dorthin fällt der Blick des Besuchers auf wichtige Worte und Namen.

Das Südportal ist flankiert von den Pfeilern mit den alten Inschriften: „Der Tod ist der Sünde Sold (Römer 6, 23)" – „Christus hat dem Tode die Macht genommen (2. Timotheus 1, 10)".

Links vom Weg befindet sich das Grab des langjährigen (1950 – 1964) Brüdergemeinde-Vorstehers und des um viele Neu- und Wiederaufbauten von Gemeindehäusern und Kirchen verdienten Leiters der Stuttgarter Gesamtkirchenpflege

➤ **Oberfinanzrat Rudolf Wagner (1894 – 1964)**

Neben all dem Vielen, das er in Wiederaufbaujahren kirchlicher Einrichtungen in Stuttgart und in Korntal geleistet hat, war Vorsteher Wagner „die Entstehung eines neuen alten Korntals" auf den Fundamenten von „Buße und von treuem bruderschaftlichem Gebet" wichtig.

Sechs Grabstellen weiter nach Norden, vorbei am Grab der
hingebungsvoll im Kinderheim wirkenden Schwester Elisa-
beth Ziegler, 1933 – 2001) die Grabstätte von
~ **Erwin Rebel (1912 – 1990)** und seinen Ehefrauen

Von 1965 bis 1990 war Erwin Rebel Vorsteher der Brüdergemeinde Korntal. Dorthin hatte sich nach Ende des
II. Weltkrieges der vom Land hoch geschätzte Verwal-
tungsmann rufen lassen, um für alle Werke der Brüdergemeinde eine gemeinsame Verwaltung aufzubauen
und sie zeitgemäßen Anforderungen gerecht zu machen.
Er war ein fröhlicher Christ und ein in weiten Bereichen
deutscher Diakonie geschätzter Ratgeber.

Dahinter, an der Westmauer, erinnert ein Grabstein an den
aus Südrussland vertriebenen
~ **Pastor Theodor Kludt (1861 – 1931)** und an
seine Ehefrau **Johanna Kludt, geb. Baumann
(1865 – 1956)**

Frau Kludt war – wie ihre ebenfalls auf dem Neuen
Friedhof bestattete Schwester, die Arztwitwe Beate
Kludt – eine Ur-Enkelin des Korntalgründers Hoff-
mann. Ihre Eltern Baumann waren als Pfarrleute in
Südrussland 1904 von Räubern ermordet worden. Sie
selbst hatten nach 1917 während bolschewistischer
Unterdrückung und bei der Vertreibung Schwerstes
erlebt. Nach ihrer Ansiedelung in der Heimat der Vor-

väter haben sie das Korntaler Gemeinwesen hilfreich mitgestaltet.

An den „württembergischen Evangelisten aus Korntal" erinnert die Grabstätte von

➤ **Eugen Zimmermann, Evangelist, 1862 – 1927**

Das Bibelwort „Sie haben überwunden durch des Lammes Blut" sollte deutlich machen: Auch dem vielerorts in Württemberg und auch in Deutschland geschätzten Verkündiger des Evangeliums von Jesus war das Glaubenkönnen nie eine Selbstverständlichkeit. Vielmehr war auch er darauf angewiesen, dass Jesus Schwachheit, Zweifel und Ängste überwindet.

Zimmermann, der einer einflussreichen Stuttgarter Fabrikanten-Familie entstammte, war der allererste Absolvent der vom Korntaler Professor Dr. Pfleiderer mitgegründeten Evangelistenschule „Johanneum". Von seinem Wohnort Korntal aus prägte er die innerkirchliche Evangelisation.

Auf dem Gräberfeld östlich des Längsweges finden sich die
Gräber und Erinnerungsstätten an den vielseitig tätigen,
um Basler Mission, Kinderkirch- und Lektorenarbeit, sowie
um die württembergische Pfarrerschaft sich verdient
gemachten Oberkirchenrat

~ **Paul Lutz (1900 – 1980),** an die Pfarrwitwe
Irene Bengel (1890 – 1977) und an ihre drei im
Zweiten Weltkrieg gefallenen Söhne, an Missionar
Gotthilf Lorch (1871 – 1950) sowie an seine vielseitig in Kirche, Diakonie und Mission wirkenden
Töchter, die China-Missionarinnen **Johanna
(1905 – 1996)** und **Hilde Lorch (1904 – 1992),**
an die Missionarswitwe **Hedwig Spellenberg
(1882 – 1968),** sowie an das im Tschetschenien-
krieg als Katastrophenhelfer umgekommene Brüder-
gemeindemitglied **Tilman Roth (1962 – 1996).**

Davor ist die letzte Ruhestätte von

~ **Prälat Dr. phil., D. theol. Konrad Hoffmann
(1867 – 1959), Enkel des Korntalgründers
Gottlieb Wilhelm Hoffmann**

Der jüngste Sohn des Berliner Oberhofpredigers General-
superintendent D. Ludwig Wilhelm Hoffmann und seiner
Ehefrau Pauline, Gräfin von Görlitz, wurde 1904 letzter
Oberhofprediger in Stuttgart und zugleich Vorsitzender
des württembergischen Gustav-Adolf-Werkes (bis 1947).
Nach der Revolution wirkte er mit dem Titel „Prälat" als

Pfarrer an der Stuttgarter Leonhardskirche, bevor er Prälat von Heilbronn (1925 – 1927) und von Ulm (1927 – 1939) wurde. Er predigte regelmäßig bis in sein 86. Lebensjahr. Er verstarb zwei Tage nach der Diamantenen Hochzeit (Ehefrau: Agnes, geb. Lang, 1873 – 1962).

Westlich vom Gefallenen-Denkmal befinden sich die Gräber:

⤞ **Karl Domhan (1908 – 2002), „Gott hilft uns in Jesus Christus"**

Der in Feuerbach aufgewachsene und von der CVJM-Jugendarbeit geprägte Domhan kam durch seine Verheiratung nach Korntal. Lange Jahrzehnte wirkte er verantwortlich in der Jugendarbeit und im Brüdergemeinderat. Landesweit baute er in der Nachkriegszeit die Ehemaligenarbeit der Deutschen Christlichen Studentenvereinigung auf.

⤞ **Pfarrer Paul Heim (1865 – 1932), Korntaler Pfarrer und Geistlicher Vorsteher der Brüdergemeinde 1903 – 1914 und 1930 – 1932**

Nach Pfarrstellen in Möckmühl und in Dettingen/Erms war Heim zweimal als seelsorgerlich wirkender Pfarrer in Korntal tätig. Er hatte sich nach seinen Dienstjahren an der Stuttgarter Friedenskirche (1914 – 30) noch einmal nach Korntal rufen lassen. Neben dem Pfarrdienst hielt er immer wieder quer durch das Land Evangelisationen und Bibelkurse. Fast 20 Jahre lang war Heim Vorsitzender des Ev. Jungmännerbundes und Vorsitzender der Allianzkonferenz. Leitworte waren ihm: „Wie deine Tage, so deine Kraft. Und unter dir sind ewige Arme!" und: „Nuntergucken macht glücklich!" Sein jüngerer Bruder war der Tübinger Theologieprofessor D. Karl Heim.

⤞ Wilhelm Götz (1878 – 1952) und Rösle, geb. Scheytt (1877 – 1954)

Wilhelm Götz kam aus der Gaststätten- und CVJM-Arbeit. 1909 wurde er als Leiter an das Große Gemeindegasthaus gerufen, das er zusammen mit seiner Frau und einer Schar hilfsbereiter Haustöchter bis 1941 führte. Von 1938 bis 1952 war Wilhelm Götz in „Leutseligkeit und Freundlichkeit", als ein wahrer „Brückenbauer" Vorsteher der Brüdergemeinde. Seine besondere Sorge galt der Kindergartenarbeit.

⤞ Johannes Daur (1857 – 1940) und Selma, geb. Bezner (1862 – 1938)

Eigentlich wollte der Sohn des langjährigen, auf dem „Alten Friedhof" bestatteten Vorstehers Johannes Daur („des Älteren") Theologe werden, schlug aber dann doch die Ausbildung als Notar ein und wurde Nachfolger seines Vaters als „Schultheiß" (bis 1922) und als weltlicher Vorsteher der Brüdergemeinde. Ebenso wichtig wie die Neubauten von Schulen und Gasthaus, die Anlage des Neuen Friedhofs, die Wasserleitung, das Gaswerk und andere praktische Neuerungen war ihm, dass auch in Zeiten großer politischer Umwälzungen die Brüdergemeinde sich nicht von den „antichristlichen Strömungen des Zeitgeistes" mitreißen lässt. Vielmehr sollte sie gerade dann eine „Zufluchtsstätte für kirchlich heimatlos Gewordene" sein. Nach Eintritt in den Ruhestand (1934) musste Daur allerdings erleiden, dass – ohne dass er eingreifen konnte – das breit gefächerte Schulwerk der Brüdergemeinde durch den damaligen Staat enteignet wurde.

◟ Pfarrer Dr. Julius Speer (1872 – 1945)

Der Pfarrer von Talheim bei Tübingen wurde 1910 an das Korntaler Töchterinstitut berufen. Zusammen mit seiner Frau Gertrud, geb. Pleibel, leitete er es als Inspektor und ab 1921 als Studiendirektor auch die Höhere Mädchenschule bis zu seiner Pensionierung 1939. Zusammen mit seinem Kollegen Rektor Käller leitete er das von Rektor Decker begonnene, unscheinbare und doch überaus segensreiche „Rektor-Stündle". Das war die Kraftquelle, die in jenen bewegten Zeiten einen Widerstand, auch gegen die weltanschaulichen Sturmwogen der Hitlerzeit, möglich machte. Zugleich war Dr. Speer aufgeschlossen für hilfreiche Neuerungen. So ließ er im Institutsgarten den Turnplatz anlegen und die Kleinturnhalle errichten.

❧ Pfarrer Erich Lindenbaur (1916 – 1970) „Christus regnat".

Lindenbaur war als hoch gebildeter und geschätzter seelsorgerlicher Lehrer und als geistlich prägender Leiter des Großen Schülerheims eine der einflussreichen Korntaler Gestalten der Nachkriegszeit.

❧ Rektor Gustav Decker (1853 - 1921), Leiter der Höheren Mädchenschule 1878 – 1921, Heimleiter der Höheren Mädchenschule 1878 – 1909

Der Philologe Decker, einst junger Lehrer im Pfleidererschen Knabeninstitut, übernahm 1878 als Nachfolger von Pfarrer Staudt die Leitung des in hoher Blüte stehenden Töchterinstitutes.

Er war ein starker, aufrechter, unbestechlicher Leiter, dazu begabt mit geistreichem Humor. Seinen Schülerinnen hat er die Geschichte, besonders auch der schwäbischen Heimat, näher gebracht. Offensichtlich ist ein guter Teil dieser Gaben auch dem Enkel, dem schwäbischen Landeshistoriker Professor Dr. Decker-Hauff, zuteil geworden. Wenn dieser Professor nach einem, meist etwas zu lang geratenen Vortrag nach einem „guten Schluss" suchte, konnte er sagen: „Meine Großeltern würden jetzt an das Bibelwort erinnern: ‚Die Güte des Herrn ist es, dass wir nicht gar aus sind; seine Barmherzigkeit hat noch kein Ende, sondern sie ist alle Morgen neu und seine Treue ist groß!'".

❧ Paul Bausch (1895 – 1981), Ehrenbürger von Korntal, und Frau Hedwig, geb. Keuler (1892 – 1995). „Dass Jesus siegt, bleibt ewig ausgemacht, sein wird die ganze Welt"

Paul Bausch war Sohn des trefflichen Korntaler Anstaltsleiters und „Stundenhalters" Gotthold Bausch. Schwer verwundet aus dem I. Weltkrieg zurückgekommen, prägte der junge Beamte zusammen mit dem Korntaler Lehrer Wilhelm Simpfendörfer den „Christlich-Sozialen Volksdienst". Dieser war 1924 im Korntaler Gemeindegasthaus als politische Partei gegründet worden. Diese bewusst evangelisch geprägte Gruppierung übernahm in den Wirren der Weimarer Republik – auch gegen den aufkommenden Ungeist der Nationalsozialisten – politische Verantwortung. Bausch wurde in den Württembergischen Landtag (1928 – 1930) und dann auch in den deutschen Reichstag gewählt (1930 – 1933). Als Beamter widersetzte er sich dem Eintritt in die NSDAP. Nach 1945 war Bausch Mitbegründer der württembergischen CDU, Hauptabteilungsleiter im Wirtschaftsministerium, Mitglied der Parlamente von Baden-Württemberg und 1949 bis 1965 Mitglied des Deutschen Bundestages. Paul Bausch war Ehrenbürger der Stadt Korntal und Inhaber vieler anderer Ehrungen.

❧ Gotthold Bausch (1860 – 1938) und Frau Karoline, geb. Klass (1859 – 1920)

Der mit der Tochter von Schultheiß Klass/Beuren (einem Haupt des schwäbischen Pietismus) verheiratete junge Lehrer wurde 1893 an die Kinderrettungsanstalt Korntal berufen. Lange Jahre hindurch hat er als Lehrer 60 bis 70 Kinder allein unterrichtet. Als Hausvater trug er zusammen mit seiner Frau die ganze Verantwortung – angefangen von der Aufnahme der Kinder bis hin zu ihrer Unterbringung in Lehrstellen nach der Konfirmation. Als Landwirt des großen, zur Rettungsanstalt gehörenden bäuerlichen Betriebes, leistete Bausch Vorbildliches, besonders im Anlegen und Pflegen weiter Streuobstwiesen. Den Eheleuten waren fünf Söhne und drei Töchter geboren worden. Daneben war Gotthold Bausch Leiter der Altpietistischen Gemeinschaften im Leonberger Bezirk. „Die Strafe liegt auf ihm, auf dass wir Frieden hätten", dies Bibelwort stand am Todestag von Frau Bausch (zugleich war es der Morgen des Jahresfestes der Brüdergemeinde 1920) im Losungsbuch.

Vier Grabstellen nördlich des Grabes von Paul Bausch:

~ **Johannes Hesse, geb. 1847 in Weißenstein/ Estland, gest. 1916 in Korntal. „Der Strick ist zerrissen, der Vogel ist frei (Psalm 124, 7)" und seine Tochter Marulla Hesse (1880 – 1953)**

In diesem Grab sind der Vater und die Schwester des Dichters Hermann Hesse bestattet. Johannes Hesse besuchte als Sohn des Landarztes Dr. Hermann Hesse die Ritter- und Domschule Reval.  Nachdem er das Seminar des Basler Missionshauses absolviert hatte, wurde er als Missionar an das Predigerseminar Mangalur in Südindien berufen. Allerdings nötigte ihn seine Tropenuntauglichkeit zur Rückkehr in die Heimat. Der große Missionswissenschaftler Dr. Gundert berief Hesse als Mitarbeiter in den Missionsverlag Calw. Dort verheiratete sich Johannes Hesse mit Gunderts Tochter, der jung verwitweten Marie Isenberg (s. Charles W. Isenberg S. 24). Dieser Ehe entstammen die Kinder Adele (später verheiratet mit Pfarrer Wilhelm Gundert, der mit seiner Frau auch auf dem Korntaler Neuen Friedhof bestattet ist), Hermann, Marulla und Hans. Nach unvorstellbar hingebungsvoller Arbeit übersiedelte Johannes Hesse in das „stille Asyl" Korntal. Der fast erblindete Hesse verbrachte hier die letzten elf Jahre seines Lebens, rastlos literarisch tätig („Guter Rat für Leidende", „Sind wir noch Christen?", „Korntal einst und jetzt"). Mit ihrem Vater teilte die Tochter Marulla ihr Leben bis zu dessen Tod im Jahr 1916.

Schräg dahinter befindet sich an der Westwand der Grabstein von Missionar Flad:

ɤ **Martin Flad, (1831 – 1915), Missionar in Abessinien, „Jesus ist unser Friede". „Mohrenland
wird seine Hände ausstrecken zu Gott"
(Psalm 68, 32)**

Der aus Undingen stammende, auf Sankt Chrischona in
Bettingen bei Basel ausgebildete Abessinien-Missionar
(Äthiopien) war ein enger Vertrauter von Karl Isenberg
und von Dr. Ludwig Krapf (s. S. 23 und S. 27), von
Bischof Gobat/Jerusalem und auch vom Korntaler Pfarrer
Staudt. Insgesamt achtmal ist er unter unvorstellbaren
Schwierigkeiten und Entbehrungen als Missionar nach
Äthiopien ausgereist. Dort litt er nicht nur unter den übli-
chen Nöten dieser Region (Blattern-, Cholera- und
Typhusseuchen, Raupen- und Heuschreckenplagen,
Stammeskriegen), sondern er war auch der Verfolgung
durch die erstarrte einheimische altorthodoxe Kirche aus-
gesetzt. Vor allem geriet er immer wieder zwischen die
Fronten inneräthiopischer, aber auch innerafrikanischer,
ja auch globaler politischer Verwicklungen. Als Sonder-
botschafter des Kaisers von Athiopien, des Negus, wurde
er selbst zur englischen Königin Viktoria entsandt. Der
Negus liess ihn aber auch zusammen mit seiner Familie
viereinhalb Jahre gefangen halten, mit dem Tod bedro-
hen und schließlich des Landes verweisen. Flad hatte
sich besonders der Mission unter den „braunen Juden"
des Landes, den „Falaschas", zugewandt. Sie wurden als

„Kinder Flads" so etwas wie die „Pietisten" Abessiniens. Ab 1875 betreute Flad von seinem Wohnort Korntal aus die Abessinienmission. Für sie schuf er auch wichtige Übersetzungsarbeiten. „Seine Selbstlosigkeit war Christentum in tiefstem Sinn. Zugleich blieb er ein Mann von Welt, der zwischen Kaisern und Königen vermittelte. Doch demütig verzichtete er auf ihm ehrenvoll angetragene hohe politische Ämter, weil sie seiner Natur nicht gemäß schienen" (Professor Edwin Hennig).

Einige Grabstellen nördlich vom Grab Hesse:

~ **Auguste Supper, geb. Schmitz (1867 – 1951)**

Die Schriftstellerin schuf auch in ihrer lange Jahre bewohnten Korntaler Villa in der Neuhalde heimatverbundene, volkstümlich-humorvolle Romane und Erzählungen. Zur Neueinweihung des Großen Gemeindegasthauses dichtete sie 1912 als Festgruß: „Es soll an guter Nahrung hier nicht mangeln, und wenn du, Fremdling, dann den Leib erquickt, so komm dir' s hoffentlich nicht ungeschickt, wenn wir ein wenig auch die Seele angeln. Bei uns ist's – weißt du's nicht? – ein lieber Brauch, dass wir, wenn's angeht, eine Seele auch nicht ohne jede Gabe weiterschicken."

Ebenfalls an der Westmauer finden sich zwei Grabsteine:

∾ Pfarrer Julius Schlaich (1831 – 1906)

Den aus einem württembergischen Pfarrergeschlecht Stammenden nannte der Berliner Hofprediger und Volksschriftsteller Emil Frommel den „Sonnenschein-Pfarrer". Schon als württembergischer Vikar hielt er sich sowohl zur „Hahn'schen Gemeinschaft" als auch zu den (damals als Sektenleute angesehenen) Methodisten. Die Kirchenleitung bestrafte ihn dafür, indem sie ihm nur kleine Pfarrstellen übertrug. Seine Gemeindeglieder jedoch schätzten ihn als Seelsorger wegen seiner eindringlichen Predigten und wegen seiner „Gabe, geistliches Leben zu wirken". Neben seinen Gemeindeaufträgen war Schlaich auch als Evangelist tätig. Jahrelang gab er die „Erbaulichen Mitteilungen" heraus. Als die Brüdergemeinde wegen des selbstherrlichen Wirkens des begabten Pfarrers Körber in eine Krise geraten war, ließ die Kirchenleitung Pfarrer Körber und den Degerlocher Pfarrer Schlaich die Stellen tauschen. So wurde Schlaich von 1888 bis 1903 ein zum Frieden hinwirkender Pfarrer in Korntal. „Er war ein Mann von großer Herzensgüte, die aber doch nie in Schwäche ausartete", sagte der Studiendirektor der Höheren Schule für Jungen, Theodor Reiff.

⌖ Christian Mundle (1829 - 1906) „Eins ist not!"

Als Nachfolger seines Schwiegervaters Andreas Barner
war Mundle Vorsteher des Großen Kinderheims von 1859
bis 1893. Der charakterfestef fromme Hausvater der groß
gewordenen Rettungsanstalt kam ohne viele Worte aus
und hatte eine gefürchtete raue Schale. Seine Strenge
wurde aber ausgeglichen durch die Herzensgüte seiner
Ehefrau Sophie, geb. Barner (1828 – 1893). Durch viele
„Brüderreisen", vor allem auf die Schwäbische Alb, hat er
die Verbindung der Anstalt zu ihrem Freundeskreis
gefestigt. Darauf war das Rettungshaus angewiesen.

⌖ Fürstin Sophie Lieven (1880 – 1964) „Christos woskress!" – „Christus ist auferstanden!"

Die als Tochter des Oberhofmeisters des Zaren Alexander
II. in Petersburg geborene Adlige wuchs in einem Eltern-
haus auf, das von der Petersburger geistlichen Erweckung unter dem hohen Adel geprägt war. Diese Erweckung geschah um 1875 und war durch das Wirken des
englischen Lord Radstock ausgelöst worden. Nachdem
die Erweckung brutal unterdrückt worden war, fanden
Zusammenkünfte nach wie vor im Palais Lieven statt.
Nach der bolschewistischen Revolution wurde die Familie enteignet und Fürstin Sophie lange Zeit gefangen
gehalten. 1933 konnte sie nach Paris emigrieren, wo sie

unter ärmlichsten Verhältnissen lebte. Von dort aus besuchte sie missionierend und ermutigend russische Emigrantenfamilien. Sie ließ sich auch in den Erweiterten Vorstand des in Korntal ansässig gewordenen Missionsbundes „Licht im Osten" wählen. Sie wollte in Korntal beerdigt sein. Sie fand ihr Grab nahe der beiden Tor-Pfeiler mit den Aufschriften: „Ich bin die Auferstehung und das Leben (Joh. 11, 15)" und „Herr, lehre uns bedenken, dass wir sterben müssen (Psalm 36, 7)".

Nahe dem Grab der Fürstin befinden sich die letzten Ruhestätten der in der furchtbaren Zeit des Zweiten Weltkrieges verstorbenen zwangsverpflichteten Fremdarbeiter

Iwan Pastuch
(28. 5. 1908 in Kopany/UdSSR – 20. 5. 1944)
Anton Grzeglolsz
(1. 5. 1900 in Guepo/ Polen – 28. 1. 1945) und
Maurice Hosdey
(1. 10. 1915 in Calais – 20. 10. 1944)

Auf dem nördlichen Gräberfeld gegenüber befinden sich die Gräber von

Johannes Altenmüller (1881 – 1869)

Der durch die Theologie von Professor Karl Heim geprägte Missionarssohn war Rektor der Korntaler Volksschule (von 1929 bis zur Absetzung durch das Nationalsozialistische Regime 1937 und dann wieder 1945 – 1950), Vorsteher (ab 1953 zeitweise zusammen mit Rudolf Wagner), Organist und Kirchenchorleiter.

⤜ Albert Döbele (1921 – 1989)

war viele Jahre Geschäftsführer der Verwaltung der Brüdergemeinde und Vorstandsvorsitzender der Kinderheime. Zusammen mit Pfarrer Grünzweig und mit Vorsteher Rebel hat er Entscheidendes beim Neubau des Alten- und Pflegeheimes geleistet.

⤜ Pfarrer D. theol. Fritz Grünzweig (1914 – 1989)

Der junge, im Zweiten Weltkrieg schwer versehrte Notar, ließ sich in den hauptamtlichen Verkündigungs- und Seelsorgedienst der württembergischen Kirche rufen. Nach intensiver theologischer Ausbildung war er ab 1948 in Korntal tätig. Von 1952 bis 1979 war er Pfarrer der Brüdergemeinde. Zu seiner Lebensaufgabe wurde nicht allein die rechtliche Ordnung der Brüdergemeinde und ihrer vielfältigen Werke, samt der geistlichen Prägung all dieser Arbeitszweige, sondern auch die Sammlung der auf Glaubensweckung und Glaubensstärkung bedachten Initiativen des deutschen Protestantismus. Als Vorsitzender prägte er die Ludwig-Hofacker-Vereinigung und die Bekenntnisbewegung „Kein anderes Evangelium". Neben

weit gespanntem Vortragsdienst rang sich der Schriftstel-
ler Grünzweig in nächtlicher Arbeit Bibelauslegungen,
Stellungnahmen zu Zeitfragen und eine umfassende
Geschichte der Brüdergemeinde ab.

In der Nähe befindet sich die Grabstelle der Diakonen- und
Mesnerfamilie Vogt und auch das Grab von

☙ **Paul Martin Jetter (1887 - 1951)**

Jetter war von 1909 bis 1950 Lehrer an der „Höheren
Knabenschule" (bzw. „Ulrich-von-Hutten-Oberschule). Er
gründete den Korntaler Knabenchor und pflegte in Schule und Heim die Musik. Vor allem hat er dann zusammen
mit seiner Frau Sofie, geb. Kallenberger (1899 – 1991)
und der ganzen Familie ab 1926 das „Kleine Schülerheim" geprägt. 1937 beendete das Hitler-Regime die
segensreiche Erziehungsarbeit und nötigte die Familie
zum Verlassen des Heimes, das dann erst wieder nach
Kriegsende 1945 seine Arbeit unter der Leitung von Ehepaar Jetter aufnehmen konnte. 1950 trat Paul Jetter nach
Erkrankung in den Ruhestand.

Dahinter befindet sich das Gräberfeld der **Haus- und
Landschwestern** sowie ihrer Verantwortlichen. 1923
war die Idee der dezentralen Hausschwesternarbeit entstanden. In Württemberg nahm sich besonders die viel-
seitige kirchliche Sozialarbeiterin Heidi Denzel (1883 –
1975) dieses neuen Arbeitszweigs an. Die Haus- und

Landschwesternschaft fand durch die ihr nahe stehende Familie Rall ihre Heimat in Korntal. Die Brüdergemeinde ermöglichte ihr auf dem Rossbühl den Bau des jetzigen Altenpflegeheims und eines Ausbildungszentrums.

⚘ Dr. h.c. Wilhelm Simpfendörfer (1888 – 1973)

Der am Lehrerseminar Lichtenstern ausgebildete junge Pädagoge wurde 1910 an die „Höhere Knabenschule" (Lateinschule) der Brüdergemeinde berufen, wo er Generationen von Schülern und auch viele der in die eigene Hausgemeinschaft aufgenommenen Pensionäre für das ganze Leben prägte. Um in der Weimarer Republik eine „Politik aus Glauben und Gehorsam" zu vertreten, gründete er 1924 zusammen mit Gesinnungsfreunden den „Christlich-Sozialen Volksdienst" (CSV). Von 1930 bis 1933 war der mutig sich vom Nationalsozialismus distanzierende Reichstagsabgeordnete Fraktionssprecher des CSV. Nach dem Verbot der Partei wurde er wieder Lehrer am Korntaler Gymnasium, ab 1949 Oberstudiendirektor. 1945 war er Mitbegründer der CDU Württemberg, 1946 Präsident der ersten Verfassungsgebenden Landesversammlung Baden-Württembergs, bis 1958 Landesvorsitzender der CDU Württemberg und Mitglied des CDU-Bundesvorstandes.

1953 - 1958 war Simpfendörfer Kultusminister des Landes Baden- Württemberg. Er war Ehrendoktor der Universität Freiburg, Ehrenbürger der Stadt Korntal und

Inhaber des Grossen Verdienstkreuzes mit Stern und Schulterband der Bundesrepublik Deutschland.

Die Korntaler Begräbnisliturgie

Mitglieder der Evangelischen Brüdergemeinde Korntal
werden im weissen Sarg beerdigt, den ein rotes Zeichen
des Christus Jesus schmückt

Pfarrer:	Ehre sei unserem Herrn Jesus Christus
Gemeinde:	von Ewigkeit zu Ewigkeit. Amen.
Pfarrer:	Herr Jesus Christus, du bist die Auferstehung und das Leben.
	Du warst tot, und siehe, du bist lebendig von Ewigkeit zu Ewigkeit.
	Niemand kommt zum Vater, denn durch dich. Wer an dich glaubt, wird leben, auch wenn er stirbt.
Gemeinde:	Darüber beten wir dich an.
Versenken des Sarges	(während der Versenkung singt die Gemeinde eine Choralstrophe)
Vorsteher:	Herr Jesus Christus, du hast die Herrlichkeit deines Vaters verlassen und bist Mensch geworden. Durch die Hingabe deines Lebens im Leiden und Sterben am Kreuz hast du Versöhnung gestiftet. Ja, wenn unsere Sünde gleich blutrot ist, so soll sie doch schneeweiß werden, denn dein vergossenes Blut macht uns rein von aller Sünde.
Gemeinde:	Dafür danken wir dir, lieber Herr!
Pfarrer:	Du hast dem Tode die Macht genommen und bist siegreich auferstanden.
	Durch deine Himmelfahrt bist du erhöht und eingesetzt zur Rechten Gottes über alle Reiche, Gewalten, Mächte und Herrschaften. Für deine Gegenwart danken wir dir.

Wir warten auf deine Wiederkunft oder unsere Heimholung zu dir. Ja, komme bald! Amen, ja komm, Herr Jesus, und vollende das gute Werk, das du in uns begonnen hast!

Gemeinde: Erfülle uns mit dieser Hoffnung! Wir bitten dich, du wollest uns erhören.

Vorsteher: Und nachdem du .... in deine Ewigkeit abberufen hast, befehlen wir ... deiner Barmherzigkeit. Du hast selbst gesagt: „Vater, ich will, dass, wo ich bin, auch die bei mir seien, die du mir gegeben hast, dass sie meine Herrlichkeit sehen".

Gemeinde: So tröste du uns und segne uns, lieber Herr!

Gemeinde: Unser Vater in dem Himmel.........

Pfarrer: Der Herr segne dich und behüte dich. Der Herr lasse sein Angesicht leuchten über dir und sei dir gnädig. Der Herr erhebe sein Angesicht über dich und gebe dir Frieden. Amen.

Gemeinde: In Jesu Namen! Amen.

Gemeinde: (es folgt das gemeinsame Singen einer Choralstrophe)

So soll also bis in den Tod hinein nicht das Vergehen, sondern Jesus willkommen sein.

„Wir tragen die Toten, die in Christus verstorben sind, nicht ins Totenreich, sondern wir bringen sie dem Herrn

Christus entgegen!" (So beschrieben in der Nummer 2 der „Korntaler Impulse": Beerdigungen in der Evang. Brüdergemeinde; Formen, Symbole und Verkündigungsinhalte)

Spuren zum Verständnis des „Heiligen Korntals"

Die Evangelische Brüdergemeinde Korntal – ein „pietistisches" Modell

Der Reformator Martin Luther (1483 – 1546) hatte eine seiner eigenen Anregungen nicht verwirklicht, nämlich die „Sammlung solcher Menschen, die ernsthaft Christen sein wollen". Diese Aufgabe packte der lutherische Kirchenmann Philipp Jacob Spener (1635 – 1705) an. In seinem Reformaufruf tauchte mehrfach der lateinische Begriff „pietas" (= Frömmigkeit) auf. Das wurde immer wieder missverstanden. Dabei ging es weder Spener, noch den abwertend „Pietisten" genannten Evangelischen um eine weltabgewandte Seelenpflege. Vielmehr zielten die „pia desideria" (von Spener selbst übersetzt mit „hertzliche Wünsche") auf „collegia pietatis". Diese um Bibel und Gebet sich sammelnden Collegien (Kleingruppen) sollten Impulse geben zur Praxis des Christenglaubens. Damit sollten sie als Ferment hineinwirken in eine Christenheit, die zu allen Zeiten gefährdet ist durch Erstarrung und durch Glaubensverwässerung.

Die Evangelische Brüdergemeinde Korntal ist ein Modell für eine vom Pietismus geprägte, ganze Gemeinde. Damit nimmt sie innerhalb der Evangelischen Landeskirche in Württemberg eine Sonderstellung ein. Diese wurde 1819 durch eine Sondergenehmigung des württembergischen Königs Wilhelm I. ermöglicht.

Die im Folgenden genannten bezeichnenden Schwerpunkte sind bis heute typisch für die Erneuerungsbewegung des Pietismus. Sie sind charakteristisch auch für die Evangelische Brüdergemeinde Korntal. Sie haben die ab 1819 entstandene Siedlung Korntal so geprägt, dass sie vom Volksmund – teils anerkennend, teils belächelt – als „Heiligs Korntal" tituliert wurde.

Gemeinschaft um die Bibel:

Christen sollen einander zu „mehr Bibel!" verhelfen. Sie sollen sich – gerade als Nicht-Theologen – über die Heilige Schrift austauschen und sich so gegenseitig „erbauen". Laut Spener sollte nicht „einer allein" auftreten und lehren, sondern „auch andere sollen helfen, wenn sie die Gabe und die Erkenntnis dazu haben". Das führte auch in Korntal zu den pietistischen „Gemeinschafts-Stunden" und zu einer breiten Palette von Hauszellen und Bibelkreisen.

„Priestertum aller Gläubigen":

Dieser auf Luther zurückgehende Begriff erinnerte an das Vorrecht und die Pflicht aller wahren Christen, mit ihren Gaben der Gemeinde zu dienen, sowohl mit der Auslegung der Bibel als auch mit gemeindlichem Besuchsdienst und mit dem Gebet für Kranke. Laut Spener soll der Pfarrer nichts anderes sein als der „ältere Bruder", der für die Mithilfe der Gemeindeglieder dankbar ist. So werden die Gottesdienste der Korntaler Brüdergemeinde zusammen mit dem Pfarrer und den Mitgliedern des Brüdergemeinderates gestaltet. Diese sitzen dabei, den Pfarrer umrahmend, vor der Gemeinde auf der „Brüderbank".

Praktisch tätiges Christsein:
Echter Glaube soll in der Liebe tätig werden. Darauf legte Gottlieb Wilhelm Hoffmann (1771 – 1846), der Gründer Korntals, größten Wert. Auf seine Initiative hin entstanden die „Rettungsanstalt" für „arme und verwahrloste" Kinder. Sie wurde zur Keimzelle für eine ganze Reihe von pädagogischen und diakonischen Einrichtungen bis heute. Ebenso schuf Hoffmann eine Vieh-Versicherungskasse und ein Witwenhaus. Er machte Korntal zu einer Heimatbasis für Frauen und Männer, die sich in der Weltmission aufopferten. Diese Impulse prägten nicht nur Korntal selbst, sondern sie strömten belebend auch in die ganze württembergische Kirchenlandschaft. Die Friedhöfe Korntals sind mit den dort Bestatteten ein beredtes Beispiel dafür, wie pietistisches Engagement weit über die Grenzen der schwäbischen Heimat hinaus hilfreich wirkte. Derzeit beherbergt die Korntaler Brüdergemeinde die Akademie für Weltmission und unterstützt 13 in nahezu alle Erdteile ausgesandte Missionsfachkräfte. Eine ganze Reihe von missionarischen Werken hat in Korntal ihre Heimatbasis: Missionsbund „Licht im Osten"; Christlicher Technikerbund; Ludwig-Hofacker-Vereinigung; Arbeitsgemeinschaft Evangelikaler Missionen; Missions-

bund „Feigenbaum"). Vielgestaltige Diakonie, die Anteil-
nahme an der weltweiten Mission, die Kinder-, Jugend-
und Studentenarbeit wurden ebenso wie die vielfältige
Seniorenbetreuung in Korntal zu Arbeitszweigen von
pietistisch geprägten Gemeinden.

Lebendige Verkündigung:
Menschen sollen eingeladen werden zu einem Leben mit
Christus. Das soll die Verkündigung der „guten Nach-
richt" prägen. Darum sollen der Pfarrer und seine Mitarbeiterschaft nicht nur ihr theologisches Handwerk ver-
stehen, sondern sie sollen glaubhaft und einladend
hineinhelfen in eine „lebendige, entschiedene und tätige
Gemeinschaft durch und unter Gottes Wort" (Walter
Roth).

Glossar
(Erklärung ungewohnter Begriffe)

Kinder- und Armenanstalt

Auch „Rettungshaus" genannte neue Heimat für die „verarmten und verwahrlosten, meist verwaisten" Straßenkinder der nach-napoleonischen Zeit. Nach dem Vorbild des „Rettungshauses" Beuggen bei Basel entstanden Kinderheime in Korntal und in seiner Tochtergemeinde Wilhelmsdorf. Innerhalb kürzester Zeit entstanden quer durch ganz Württemberg und dann durch ganz Deutschland ähnliche Einrichtungen. Sie alle wurden – ohne staatliche Förderung – von spendefreudigen Christen getragen.

Institute

Parallel zum „Rettungshaus" wurden Modelleinrichtungen für „höhere Bildung" geschaffen. Nach dem „Knabeninstitut" wurde das „Töchterinstitut" aufgebaut, das eine ganze Reihe qualifizierter Lehrerinnen ebenso hervorbrachte, wie eine ganze Reihe von opferbereiten „Missionsbräuten". Eine 1836 gegründete „Mittelanstalt" wurde zum Modell späterer Hauswirtschafts- und Frauenarbeitsschulen.

Die mit Internaten verbundenen, von der Brüdergemeinde geführten Schulen waren dem Hitlerstaat ein Dorn im Auge, so dass sie 1936 und 1937 in öffentliche Schulen umgewandelt wurden. Erst 1945 konnten sie wieder in der Regie der Brüdergemeinde weitergeführt werden. Wegen der allgemeinen Veränderung der Schullandschaft zog sich 1980 die Brüdergemeinde aus diesem bis dahin so wichtigen Arbeitszweig zurück.

Witwenhaus

1831 bezogenes „Zufluchtshaus für bedrängte Witwen". Mit acht Zweizimmer-Appartements, sowie mit einigen Einzelzimmern wurde so etwas Ähnliches geschaffen wie ein heutiges „Frauenhaus".

Krankenhaus

Vor allem für kranke und alte „Dienstboten", also für nicht mehr arbeitsfähige „Knechte und Mägde" wurde 1851 ein kleines Krankenhaus eröffnet. Verbunden damit war eine Krankenversicherung, eine Vorläuferin der späteren Sozialversicherung. Allerdings haben Krankenhaus und Krankenversicherung das 19. Jahrhundert nicht überlebt. Dagegen wurde 1913 eine durch Diakonissen des Stuttgarter Diakonissenhauses betreute Krankenpflegestation eröffnet, eine Vorläuferin der heutigen Sozialstation Korntal-Münchingen.

Gemeindegasthaus

Gemeindegründer Gottlieb Wilhelm Hoffmann hielt im ehemaligen Görlitz'schen Schloss neben seiner Wohnung Räume bereit, um die vielen Besucher Korntals zu verköstigen und auch über Nacht zu beherbergen. Daraus entwickelte sich im Lauf der Jahrzehnte das heu-

tige Hotel und Bankett-Restaurant „Landschloss-Korntal",
das noch heute in Trägerschaft der Brüdergemeinde
geführt wird.

Gemeinschaften

Zu den geistigen „Säulen" der Brüdergemeinde gehören
die pietistischen Gemeinschaften. Ihre Zusammenkünfte
nennt man „Stunden". In Württemberg haben sich
anfänglich unterschiedliche pietistische Strömungen im
so genannten „Altpietistischen Gemeinschaftsverband"
gesammelt, daneben entstanden die „Michael-
Hahn'schen-Gemeinschaften". Beide pietistischen Ver-
bände haben regelmäßige Zusammenkünfte in Korntal.
Ihre Glieder gehören zu den tragenden Kräften der Brüdergemeinde.

Wiederkunft von Jesus

Jesus hat versprochen, dass er wiederkommen und Gottes neue Welt bringen wird. Darum gehört es zum
Bekenntnis der ganzen Christenheit: „Er sitzt zur Rech-
ten Gottes, des Vaters, von dort wird er wiederkommen
...". In der Brüdergemeinde Korntal wurde von Anfang an
die Vorfreude auf dieses Kommen wach gehalten. An der
Stirnseite des Grossen Saales stehen die Worte aus den
letzten Sätzen der Bibel: „Siehe, ich komme bald. Amen,
ja komm, Herr Jesu!" Auf dieses Ereignis wollten sich die
Glieder der Brüdergemeinde vorbereiten. Manche von
ihnen rechneten sogar mit einem unmittelbar bevorste-
henden Wiederkommen von Jesus im Jahr 1836. Alle

aber sahen die Brüdergemeinde nicht als eine ewige Größe an, sondern vielmehr als eine „Wartestation" auf das Wiederkommen, dessen „Zeit und Stunde" nur Gott selbst weiß.

Templer

Christoph Hoffmann (1815 – 1885), richtete in Württemberg große Verwirrung mit seinem Aufruf „Los vom Staat!" und Sammlung des „wahren Volkes Gottes, des geistlichen Tempels" und zur „Reformierung der Welt!" an. Er selbst war ein genialer Sohn des Korntalgründers Hoffmann. Durch Verschwägerungen war Hoffmann verbunden mit der weit verzweigten Nachkommenschaft von Beate Paulus, geb. Hahn, einem schwäbischen Vorbild für gläubige Beter. Beides verschaffte ihm Glaubwürdigkeit in frommen Kreisen Württembergs. Als sich die Korntaler nicht von ihrem, an der Bibel ausgerichteten nüchternen Weg abbringen ließen, sammelte Christoph Hoffmann seine Getreuen auf dem Kirschenhardthof bei Backnang. 1868 zogen die Anhänger Hoffmanns nach Palästina, wo sie als „Tempelgesellschaft" in der Nähe von Haifa Siedlungen gründeten.

Vorsteher der Brüdergemeinde

Der von der Brüdergemeinde aus den Reihen der württembergischen Theologen gewählte Pfarrer ist ihr „geistlicher Vorsteher". Ihm zur Seite steht ein ebenfalls gewählter „weltlicher Vorsteher", der bis 1922 zugleich Bürgermeister von Korntal war. Der „weltliche Vorsteher" führt den Vorsitz im Brüdergemeinderat; ihm sind die rechtlichen und wirtschaftlichen Bereiche zur Leitung anvertraut.

Ludwig-Hofacker-Vereinigung

Das Ringen des württembergischen Pietismus mit bibelfremden Einflüssen in Kirche und Theologenschaft förderte um 1955 das Zusammengehörigkeitsgefühl der verschiedenen pietistischen Gemeinschaftsverbände, Aktionen, Werke und Ausbildungsstätten. Gemeinsam fanden sie sich zusammen in einer „Arbeitsgemeinschaft für Bibel und Bekenntnis". Wichtiger jedoch als die Verteidigung des biblischen Glaubens war dieser Arbeitsgemeinschaft, zum Glauben an Jesus zu rufen und den Glauben an Jesus zu stärken. Um dies zum Ausdruck zu bringen, gab der Korntaler Pfarrer Fritz Grünzweig, langjähriger Vorsitzender der Arbeitsgemeinschaft, dieser gemeinsamen Plattform des schwäbischen Pietismus den Namen des württembergischen Erweckungspredigers Ludwig Hofacker (1798 – 1828). Das Büro der Ludwig-Hofacker-Vereinigung befindet sich im Pfarrhaus der Brüdergemeinde. Bekannt sind die von der Vereinigung durchgeführten Hofacker-Konferenzen, Christustage und „Gemeindetage unter dem Wort" (www.lg-online.de).

Bekenntnisbewegung „Kein anderes Evangelium"

Der „Bekenntnisbewegung" ging es darum, das „biblische Wort" zu verteidigen gegen die modernistische Auflösung des Glaubens. Die 1966 offiziell gegründete Bewegung veranstaltete im März 1966 eine viel beachtete Bekenntniskundgebung in der Westfalenhalle Dortmund. Die wohl bedeutsamste Erklärung war die 1970 verabschiedete „Frankfurter Erklärung zur Grundlagenkrise der Mission". Pfarrer D. theol. Fritz Grünzweig (1914 – 1989), langjähriger Pfarrer der Korntaler Brüdergemeinde, war geistlicher Mahner und Leiter in der Sammlung der „Bekennenden Gemeinschaften".

Diakonie der Evang. Brüdergemeinde Korntal

Zur Diakonie der Evang. Brüdergemeinde gGmbH gehören:

- zwei Kindergärten (Wilhelm Götz und Gartenstraße)
- drei Kinder- und Jugendhilfeeinrichtungen (Hoffmannhaus Korntal und Wilhelmsdorf, Flattichhaus) sowie
- zwei Schulen für Erziehungshilfe, in Korntal (Johannes Kullen-Schule) und in Wilhelmsdorf (Hoffmannschule).
- Zum Altenzentrum Korntal gehören ein Pflegeheim, betreutes Wohnen für Senioren und eine Tagespflege.
- Das Familienzentrum Korntal bietet u. a. Kurse, Vorträge und offene Angebote für Familien, z.B. Kreativkurse und soziale Trainingskurse für Kinder, Elterntraining, Eltern-Kind-Angebote, Kreativ- und Kontaktangebote für Erwachsene und Beratung in Fragen rund um Familie, Partnerschaft und Erziehung.

Die Evang. Brüdergemeinde im Internet:
www.bruedergemeinde-korntal.de

Informationen zur Brüdergemeinde und Vereinbarungen
von Besuchsterminen und Führungen von Gruppen:
Pfarramt, Telefon: 0711/83 98 78-0
E-Mail: pfarramt@bruedergemeinde-korntal.de

Das vorliegende Buch verdankt sich der Unterstützung des
Archivs der Evangelischen Brüdergemeinde Korntal und von
Angehörigen der im Buch Erwähnten. Auch frühere Veröffentlichungen von Johannes Daur d. J., Fritz Grünzweig, Walter Roth,
Erwin Rebel und Pfarrer Michael Wanner wurden berücksichtigt.

Des Weiteren danken wir:

Meisterbetrieb in der 3. Generation

Wir gestalten den blumigen Rahmen zu
jedem Anlaß

- Geburtstag
- Hochzeit
- Taufe
- Jubiläum
- Trauer

Von traditionell bis extravagant.

Sie haben die Wünsche,
wir haben die Ideen!

Blumen Stellmacher GbR Hoffmannstr.34 70825 Korntal-Münchingen
Tel:0711-8399530 Fax: 83995318
Filiale: Johannes-Daur-Str.8, Tel:0711-83995321

Auch bei Ihnen um die Ecke.

S Kreissparkasse
Ludwigsburg